Psicologia do Trabalho em Foco:
Gestão de Riscos Psicossociais e Prevenção

VIVIEN MARIANE MASSANEIRO KANIAK

DEDICATÓRIA

Aos meus pais Marlene e Estanislau por terem me ensinado o amor...
pelas pessoas e pelos livros...

CONTEÚDO

APRESENTAÇÃO

Este livro surgiu com o propósito de abordar, de uma forma simples e objetiva, o tema da Psicologia do Trabalho, mais especificamente no que diz respeito à gestão dos riscos psicossociais ocupacionais e formas de prevenção. A ideia de criar um livro voltado para um público que está tendo os primeiros contatos com esse tópico e/ou procurando formas e ferramentas para melhorar a saúde e bem-estar em suas organizações emergiu da minha experiência como professora de Pós-graduação na disciplina de Psicologia de Segurança no Trabalho. Ao longo dos últimos dez anos, tive a satisfação de ter contato com estudantes, principalmente da área da engenharia, que demonstraram interesse em discutir sobre a inclusão dos aspectos humanos e psicossociais na gestão de riscos ocupacionais das organizações. Boa parte do conteúdo deste livro foi elaborada motivada por essas discussões.

Assim, esta obra busca somar conhecimentos para estudantes, gestores e empresários atraídos por compreender mais sobre os aspectos humanos que envolvem a gestão dos riscos ocupacionais e a importância de uma gestão efetiva nesse contexto. No decorrer dos capítulos, você encontrará um breve embasamento teórico sobre o contexto em que a psicologia se inseriu ao trabalho ao longo do tempo, discussões sobre os desafios atuais em saúde mental relacionada ao trabalho e os diagnósticos mais atuais em termos de afastamentos. Serão também discutidos os principais fatores psicossociais que levam a desequilíbrios na saúde e estratégias para gerir esses riscos.

Além disso, serão apresentados alguns instrumentos amplamente utilizados para avaliação de riscos psicossociais e de qualidade de vida no trabalho. Essas ferramentas podem servir como recursos que, se associados às análises conduzidas por profissionais habilitados, podem gerar programas coorporativos efetivos que busquem o avanço de melhores índices de satisfação e saúde no trabalho.

Sabemos que qualquer esforço nesse sentido traz impactos não só sobre os indivíduos e a organização, mas para a própria sociedade que, mais do que nunca, anseia por equilíbrio e harmonia. Então convido vocês, trabalhadores, gestores e empresários a incentivar a busca por equilíbrio dentro do local de trabalho. Espero que essa leitura possa ser motivadora nesse sentido.

Vivien Mariane Massaneiro Kaniak

autora

PREFÁCIO

Chegamos num novo momento, numa nova era da humanidade, de profundas inquietações e incômodos sobre a gestão de nossos recursos e de nossos riscos. Temas sempre desconfortáveis, mas mantidos em segundo plano, emergem como a morte, a doença e o sofrimento. As sensações de "quero ar", "deixe eu respirar", revelados nos sussurros organizacionais, sugere um grito sufocado e proibido...

Esses sofrimentos têm múltiplas e complexas causas: um novo mundo "líquido" do pós-modernismo, relações afetivas e familiares desafiadoras e fragmentadas e novos modelos de produção que exigem, a todo o tempo, alto desempenho de seu colaboradores. Nesse cenário a ansiedade, a angústia, a frustração e o pânico são os sintomas percebidos nas organizações, onde gestores, especialistas e funcionários estão desorientados e em busca de solo firme.

Este livro é uma contribuição aos que querem iniciar-se no entendimento do sofrimento de pessoas que atuam nas organizações e os novos desafios de uma gestão responsável e ética que não deixam de olhar para os riscos psicossociais dos empreendimentos organizacionais.

De forma objetiva e sucinta leva o leitor a olhar o passado, a evolução histórica da Psicologia do Trabalho, os fatores de riscos psicossociais ocupacionais e possibilidades na prevenção da saúde e segurança nas organizações. Também convida todos os envolvidos: governos, empresas, especialistas e nós como participantes ativos ou passivos para fazer parte dessa grande mudança cultural.

Rubens Cieslak. Graduado em Psicologia pela Universidade Federal do Paraná e pós-graduado em Direção Estratégica no Setor Automotivo. Possui experiência profissional em Educação Corporativa, Gestão do Conhecimento, Desenvolvimento de Pessoas, Lideranças e Organizações. Atuou em empresas como Volvo do Brasil, Electrolux do Brasil, Placas do Paraná e Olsen Veículos. Também atuou como docente de Psicologia Aplicada à Administração em diversas instituições de ensino superior.

1 A PSICOLOGIA DO TRABALHO: CONCEITO, SURGIMENTO E EXPANSÃO

A psicologia do trabalho, também chamada de psicologia organizacional, consiste em um campo de estudos, saberes e práticas relacionadas ao trabalho e as organizações que se caracterizam por criar procedimentos e intervenções que possibilitem o bem-estar das pessoas na organização. Justamente por envolver aspectos humanos e aspectos organizacionais, é considerado um ramo do conhecimento plural e interdiciplinar, no qual se encontram, e também se repelem, outras ciências e visões.

Como campo de aplicação prática busca dar orientações e respostas às múltiplas dimensões envolvidas entre o comportamento humano, os aspectos relativos ao trabalho e o local onde esses comportamentos ocorrem, no caso, dentro das organizações. Ao tratar da humanidade, inerente ao trabalhador inserido no mundo empresarial, a psicologia do trabalho lida especialmente com aspectos da subjetividade dos indivíduos, isto é, sua maneira de ser, ver e se comportar no mundo em que vive. Isso abarca certa complexidade, uma vez que se busca compreender o ser humano em suas expressões visíveis, como por meio de seus comportamentos, mas também as invisíveis como, por exemplo, seus sentimentos e motivações internas.

Pesa sobre tal complexidade o fato de que cada ser humano é, ao mesmo tempo, único em sua forma de existir, de pensar, de sonhar, mas também possui expressões genéricas que são aspectos que os tornam similares aos outros humanos. Toda essa gama de singularidades e generalidades é construída aos poucos, a partir das experiências vividas no mundo social e cultural de cada um, o que constitui para a psicologia como um todo (e também para a psicologia do trabalho) um constante desafio de compreensão e conhecimento.

Em termos históricos, o surgimento da psicologia do trabalho remete inicialmente ao surgimento da sociedade industrial em meados do século XVIII. Nessa fase, com a Revolução Industrial inglesa, iniciou-se o deslocamento dos trabalhadores do campo para as grandes cidades. Com o aparecimento das primeiras fábricas e necessidade de mão de obra, os até então lavradores e camponeses passaram a ver a possibilidade de oferecimento de seus serviços às novas indústrias que eram criadas.

Nesse contexto, intensificam-se as transformações das relações sociais e do trabalho que acontecem concomitantemente com os avanços na industrialização e urbanização. Não obstante, surge a demanda de adequação a uma nova ordem de necessidades e interesses que envolviam os donos do capital, na figura de empresários, e os trabalhadores, na figura dos proletários.

Essa nova maneira de se relacionar com o trabalho não tardou a apresentar dificuldades, contradições e disputas que se acirravam à medida que o mundo do trabalho se tornava mais complexo. Com a ascensão do capitalismo, que trazia intrínseca a ideia da venda da força de trabalho, surgia o interesse por uma psicologia aplicada ao trabalho que, inicialmente, era voltada para extração do melhor da capacidade humana de produzir em função da evolução das atividades econômico-produtivas.

Assim, entre os séculos XIX e XX passa a crescer o interesse por procedimentos, pesquisas e experimentos voltados a tratar do desempenho humano frente às demandas industriais. Por essa razão, em seu início, essa vertente da psicologia ficou conhecida como Psicologia Industrial.

Na época, esse ramo da Psicologia foi muito influenciado pelos paradigmas das ciências naturais que se fundamentavam em atingir um modelo de o melhor trabalho possível para o melhor homem possível. Assim, foi em meio ao surgimento do *taylorismo*, que trazia os princípios desenvolvidos pelo engenheiro norte-americano Frederick Taylor focados em aumentar a eficiência do nível operacional das fábricas e desenvolver um novo modelo de administração científica, que surgiram também os primeiros psicólogos industriais.

Esses profissionais atuavam principalmente buscando a melhor forma de realizar as tarefas e o melhor rendimento. A ideia era encontrar os trabalhadores mais adequados para cada atribuição. Por essa razão, a maior parte de seus serviços estava ligada à seleção, treinamento e orientação dos operários. Tornou-se comum a realização de testagens, avaliações de habilidades como memória, atenção e até interesses vocacionais a fim de atender a indústria e o comércio. Com a eclosão da primeira e segunda guerras mundiais não tardou com que essas técnicas fossem amplamente utilizadas também no aparelhamento das forças armadas.

Nesse meio tempo, começa a emergir o interesse dos pesquisadores em compreender como a satisfação profissional e relações no trabalho afetavam o desempenho dos trabalhadores, estudos que ficaram conhecidos como pesquisas sobre o afeto no trabalho. A partir disso, abre-se uma nova dimensão de descobertas e começam a ter destaque estudos sobre saúde ocupacional, motivação para o trabalho, ergonomia e segurança no trabalho. Nesse ponto, o termo psicologia industrial foi fiando para traz dando espaço a chamada psicologia do trabalho. No século XX, seu escopo amplia ainda mais, abarcando tópicos como liderança, desempenho de equipes, aprendizagem, potencial humano além de aspectos macro organizacionais como cultura e clima dentro das empresas.

Toda essa evolução levou o psicólogo do trabalho a ocupar o seu espaço nas organizações e voltar o olhar não somente para os indivíduos na organização, mas para a própria organização em si como um todo, mais complexo e dinâmico, com a qual o indivíduo interage à medida que ela também interage com o indivíduo. Observa-se nesse ponto que a psicologia do trabalho se afasta das características da psicologia industrial, que ocasionaram o início, na mesma velocidade com que avançam os modelos de produção como o *taylorista*, o *fordista* e mais tarde o *toyotista*. Isso porque ela se adapta ao longo do tempo com outras formas de organização do trabalho, o que faz com que caracterize novos conjuntos de práticas.

Na mesma linha de evolução, segue o interesse dos gestores e empresários em melhor compreenderem as dimensões humanas envolvidas no trabalho. O que no passado ficava restrito a atividades de recrutamento e seleção, planos de cargos e salários e obediência às leis trabalhistas dá espaço ainda no século XX a projetos ligados à qualidade de vida no trabalho, desenvolvimento de pessoas e de equipes, desenvolvimento de lideranças além de preocupações com a motivação, gestão dos talentos e melhores condições de trabalho.

Uma nova era se abre para a psicologia do trabalho e para a gestão das pessoas nas organizações até que essa passa a ser considerada condição fundamental e estratégica das empresas da atualidade. Nesse ínterim, em que o mundo dos negócios é marcado por um ritmo acelerado de velocidade nas comunicações, nas operações, na necessidade de inovação e constante adaptação das organizações e das pessoas, a psicologia do trabalho se estabelece como importante campo de estudo e intervenção.

Assim, a partir do século XXI, com o irrompimento de novos dilemas advindos da relação homem-máquina, da globalização das empresas, da relação trabalho-alienação e até mesmo do abuso e exposição das consequências do trabalho escravo nos países menos favorecidos, os modelos anteriores de produção e geração de riquezas começam a ser questionados pelos próprios consumidores de produtos e serviços das empresas. Tudo isso faz com que as organizações tenham que dar respostas rápidas à sociedade e os psicólogos do trabalho tenham que contribuir na construção de novos sistemas de produção e organização do trabalho que estejam mais alinhados com os desafios enfrentados nos tempos atuais.

Mas quais são as principais formas de sofrimento que as modificações no mundo do trabalho trouxeram para os dias de hoje? Que consequências elas trazem a nível individual, organizacional e social? Essas questões serão debatidas e respondidas no capítulo a seguir.

2 TRABALHO E SOFRIMENTO MENTAL: DESAFIOS ATUAIS

Os desafios atuais relativos aos aspectos negativos entre a interação do ser humano com o trabalho estão ligados, principalmente com a transição no mundo do trabalho. Atualmente, a competitividade empresarial, as relações trabalhistas, a exigência de adaptação, aprendizagem rápida e as dificuldades de limitar o espaço pessoal do espaço laboral, oriundas do advento da tecnologia, trouxeram outras formas de sofrimento psíquico desconhecidas em tempos anteriores.

No tocante aos transtornos mentais como ansiedade e depressão, tão prevalentes nos dias atuais no âmbito do trabalho e fora desse, observa-se que trazem implicações psíquicas, físicas e sociais envolvendo o comprometimento do pensamento, do humor e do comportamento. Esse desalinhamento implica sofrimento para o trabalhador, consequências negativas no trabalho e impactos na própria sociedade.

Dados dos últimos anos do Anuário Estatístico da Previdência Social no Brasil revelam que os transtornos mentais já figuram entre as principais causas de afastamento do trabalho. E essa situação só tende a se agravar. Dentre a incidência do maior número de diagnósticos, estão relacionados os episódios depressivos e outros transtornos de ansiedade.

Os episódios depressivos são as formas mais comuns e típicas de depressão e podem ter duração variada. São geralmente caracterizados por uma perda de interesse e prazer em áreas que o indivíduo costumava obter prazer anteriormente, além de um humor triste, que pode ser acompanhado de fadiga, redução na concentração, lentidão na ação, pensamentos e ideação suicida.

Já os transtornos de ansiedade consistem em medo ou preocupação intensa e persistente em relação às situações cotidianas que, em situações normais, não representam real perigo. Os transtornos de ansiedade mais comumente encontrados são classificados em síndrome do pânico, fobia social, transtorno obsessivo-compulsivo, estresse pós-traumático e síndrome de *burnout*, sendo essa última exclusivamente relacionada ao trabalho.

A síndrome do pânico consiste na ocorrência de inesperados e frequentes ataques de pânico, que são momentos de intensa ansiedade e podem ser acompanhados de sintomas físicos como taquicardia, tremores, dificuldade para respirar e boca seca.

A fobia social, por outro lado, é caracterizada como uma ansiedade intensa em relação a uma situação social, como ter que encontrar e falar com pessoas, apresentar alguma performance em público ou qualquer situação que exija interação social. Da mesma forma que a síndrome do pânico pode ser acompanhada por sintomas físicos diversos.

O transtorno obsessivo-compulsivo é definido como um estado carregado de obsessões e ou compulsões que trazem grave sofrimento às pessoas e prejuízo em seus julgamentos. Obsessões estão relacionadas com ideias, pensamentos ou imagens que se fixam na consciência dos indivíduos e normalmente o levam a ter um comportamento compulsivo. Assim, se a ideia de sujeira ou impureza acomete a pessoa ele pode, por exemplo, ser levada a lavar as mãos repetida e exageradamente a fim de obter algum alívio desse pensamento.

Outro transtorno mental comum de ser encontrado em algumas profissões é o chamado estresse pós-traumático. Essa condição se instala no individuo após uma experiência de grande estresse vivida e que ocasiona um trauma emocional. Está relacionada aos roubos, sequestros, acidentes e outros episódios de violência. Nesse transtorno, os sintomas de grande ansiedade vividos pela pessoa no momento da experiência de estresse voltam a ressurgir repetidamente, mesmo após passada a situação. É comum, por exemplo, que gerentes de banco após passarem por um sequestro no local de trabalho e serem obrigados a entregar o segredo do cofre ou ficar confinados, continuem a apresentar sintomas de intensa ansiedade mesmo passados dias, semanas ou até anos após a resolução do episódio. Trata-se de transtorno muito encontrado também nas funções de policial, piloto e militares.

Por fim, uma síndrome totalmente relacionada ao trabalho é a síndrome de *burnout*. Nessa condição, encontram-se frequentemente enfermeiros, médicos e professores. Consiste em um estado físico, emocional e mental de total exaustão resultante normalmente de acúmulo excessivo em situações de trabalho emocionalmente exigentes ou que demandam muita responsabilidade. Nessas circunstâncias, o profissional que antes era tido como muito atuante no trabalho e vinculado com as pessoas, passa a demonstrar desinteresse, apatia até chegar em total indiferença tanto em relação ao trabalho quanto às pessoas que deveria atender.

A respeito das possíveis causas, as doenças mentais associadas ao trabalho têm relação direta com a exposição crônica e continuada às situações laborais desfavoráveis. Estão também correlacionadas com fatores hereditários, biológicos, psicológicos e ambientais, assim como qualquer doença mental. Por isso, os determinantes que envolvem a saúde ou os transtornos mentais não são facilmente identificáveis, mas sabe-se que envolvem desde a capacidade de administrar emoções, pensamentos e interações com as outras pessoas, passando por fatores sociais, econômicos e culturais até envolver, por fim, a qualidade de políticas públicas de proteção social, equidade social, saúde, além, é claro, do estabelecimento de normas e condições de trabalho que visem uma melhor qualidade de vida.

Infelizmente, no Brasil, o alto número de afastamentos por doenças mentais já pode ser considerado um problema grave de saúde pública. É importante destacar que impactos diversos são relacionados a desequilíbrios mentais, que passa desde o sofrimento da pessoa que o carrega, da possibilidade de suicídio que suscita, além dos impactos na saúde física. Ademais, no que tange às empresas, somam-se a isso os custos com a produtividade ocasionados por atrasos, absenteísmo, substituição e treinamento de novos funcionários, o que leva a perda ainda maior na produtividade.

No tocante aos impactos na previdência social, destacam-se os altos gastos do Estado com aposentadorias por invalidez e auxílios-doença. Essa conta é, ao final, paga por toda a sociedade, já que representa auxílios beneficiários precocemente concedidos e até mesmo maior ocupação de leitos nos sistemas de saúde públicos.

A fim de transformar esse quadro, é primordial que se estabeleçam medidas consideradas primárias e secundárias para a promoção da saúde tanto individualmente quanto no âmbito organizacional, levando em conta também as políticas públicas nacionais. As medidas primárias consistem em ações para promoção da saúde mental. Essas podem acontecer por meio da criação de um ambiente saudável e medidas que reduzem o estresse como um estilo de vida mais saudável e desenvolvimento de atividades de relaxamento e diminuição das tensões. Muitas empresas oferecem acompanhamento com profissionais da saúde que realizam tais atividades fora do horário de trabalho ou até mesmo como um complemento na jornada de trabalho.

Já a prevenção secundária busca detectar precocemente os casos a fim de direcionar os esforços para intervenções terapêuticas. Por isso, algumas organizações já possuem programas de reconhecimento de riscos de adoecimento, normalmente realizados com o apoio de empresas de seguros de saúde e consultorias específicas. O objetivo nesses casos é "prevenir para não ter que remediar".

Dessa forma, avaliar quais são os riscos psicossociais aos quais os trabalhadores estão expostos em um ambiente de trabalho é fundamental para poder atuar no monitoramento e prevenção. Mas o que são riscos psicossociais e quais deles estão relacionados ao trabalho? Esses assuntos serão tratados no próximo capítulo.

3 OS FATORES DE RISCOS PSICOSSOCIAIS NO TRABALHO

Os riscos psicossociais no trabalho são aqueles derivados de uma concepção, modo de organização ou até mesmo da gestão do trabalho que podem acarretar efeitos negativos desde o nível físico, psicológico ou social trazendo doenças relacionadas à prática laboral. Assim, os fatores de risco psicossociais estão ligados aos aspectos organizacionais que têm potencial para causar danos.

Os principais fatores de risco psicossociais são, em geral, relacionados com: relações de trabalho, conteúdo e organização do trabalho, possibilidade de participação do trabalhador no melhoramento da organização, aspectos do ritmo de trabalho, igualdade e transparência na organização, conciliação entre as várias esferas da vida, relações sociais no trabalho e maturidade das lideranças.

A respeito das relações de trabalho, inclui-se nessa categoria o estudo do impacto que as relações ocupacionais sofrem em um ambiente globalizado, marcado por desemprego constante, crises econômicas mundiais e locais além de flexibilização na legislação laboral. Todos esses fatores podem gerar estresse e sentimento de insegurança no trabalhador, além de trazer falta de motivação em relação ao futuro da carreira.

Já em relação ao conteúdo e organização do trabalho, cabe a organização a análise da adequação de equipamentos, da adequação do ambiente (menos ruídos, mais iluminação, por exemplo) e adaptação dos recursos de trabalho de modo a torná-los mais ergonômicos. Além do mais, processos repetitivos ou monótonos estão sendo deixados para traz por muitas empresas que estão passando a criar condições de trabalho mais dinâmicas e que ofereçam maiores condições de controle por parte dos trabalhadores. Esse tipo de flexibilização permite que o trabalhador possa opinar no melhoramento dos processos e da própria organização proporcionando maior valorização de suas opiniões e habilidades.

A preocupação com o que concerne os aspectos do ritmo de trabalho envolve desde a adequação dos turnos, intervalos e tempos de trabalho até o nível de sobrecarga da tarefa executada. É importante destacar que, mesmo havendo leis nesse sentido, não basta que a empresa simplesmente as cumpra a fim de evitar problemas com a fiscalização. É necessário que cada organização analise suas próprias condições e contextos para conseguir extrair o melhor em termos de produtividade *versus* qualidade de vida dos trabalhadores.

Outro aspecto de precaução tem a ver com a necessidade de um tratamento igualitário e transparente na organização, essencialmente a respeito das promoções e nomeações. A falta de critérios objetivos ou até mesmo discriminação no acesso às oportunidades podem levar à desmotivação dos trabalhadores e sentimento de injustiça. Com o intuito de interromper as desigualdades, muitas empresas já contam com programas de cargos e salários bem delineados e acessíveis a todos na organização. Mais do que isso, desenvolver internamente a ideia de igualdade de gênero, de raça e trabalhar outros tipos de preconceitos, principalmente entre o público das lideranças, são estratégias que vêm se mostrando muito efetivas na atualidade.

Merecem atenção também os esforços voltados a melhorar a conciliação entre as várias esferas da vida do profissional como a harmonização entre o trabalho, a vida pessoal e a familiar. Mesmo que essas questões representem uma demanda na esfera íntima do indivíduo existem estratégias que a empresa pode lançar mão para facilitar as dificuldades inerentes a essa situação. Como exemplo, já é comum encontrar em empresas creches internas para facilitar o retorno das colaboradoras mulheres no período pós licença maternidade, ou a opção de pais tirarem elevados períodos de licença para também cuidar de seus filhos pequenos. Outra estratégia é o oferecimento de atividades de lazer e recreação dentro ou fora do espaço da empresa. Nesse caso, essas opções podem impactar também positivamente aspectos ligados a melhoria das próprias relações sociais na organização. A disponibilização de locais e momentos para encontros, para distração e redução das tensões do dia a dia possibilitam com que os trabalhadores e até mesmo suas famílias possam se integrar, melhorando a convivência e o respeito mútuo.

Por fim, um importante fator de risco psicossocial relacionado ao trabalho é o nível de maturidade das lideranças. Um líder inadequado com baixa capacidade de liderança pode ser destrutivo para o equilíbrio mental de um trabalhador ou equipe. Atitudes como ameaças, desrespeito, insultos e até mesmo perseguição por parte de líderes normalmente acarretam sentimentos de falta de apoio, solidariedade e desconfiança entre os liderados. Eles sentem que, se estiverem vivendo um período de angústia ou de problemas com a saúde, não podem contar com seus superiores. Assim, é de responsabilidade da organização promover o desenvolvimento e adequada colocação de suas lideranças, levando em conta competências técnicas da formação do líder, mas também as competências humanas relativas a uma apropriada atuação junto às pessoas.

A discussão sobre a importância do equilíbrio e da saúde nas organizações é significativa nos tempos atuais. Se considerarmos as organizações, por meio de um olhar sistêmico, como sendo parte de um conjunto de componentes que estão interligados e interrelacionados, podemos concluir que, se uma organização está doente e ou apresenta sintomas (absenteísmo, aumento de acidentes, conflitos persistentes, assédio moral e sexual) oriundos, muitas vezes, de uma má gestão dos riscos psicossociais, a probabilidade de que as pessoas que trabalham nela estejam doentes aumenta.

Da mesma forma, se considerarmos que muitos indivíduos em uma sociedade estão apresentando sintomas de desequilíbrio e doenças físicas ou psicológicas, o próprio sistema previdenciário e econômico dessa sociedade começa a ficar em risco. Aumentam os custos sociais, as aposentadorias precoces e a falta de produtividade que termina por impactar o surgimento de crises econômicas no país.

Isso é sinal de que a sociedade como um todo está ficando doente também. Todos esses desalinhamentos estão interligados e afetam de alguma forma um ao outro. O resultado final pode vir a ser o de uma sociedade com sintomas de agressividade crescente, mais violência, aumento de injustiças e desigualdades, redução na expectativa e na qualidade de vida, baixa afetividade nas relações, mais egoísmo, mais intolerância...

A figura abaixo busca ilustrar quais são esses sintomas e como se dão as interconexões entre os sistemas individuais, organizacionais, previdenciário-econômicos e, por fim, na própria sociedade:

Figura: 1 – Interconexões sistêmicas e seus impactos

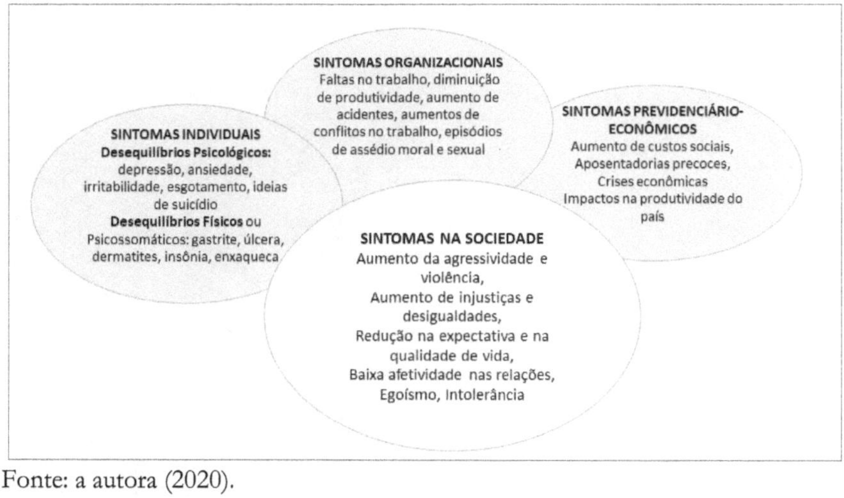

Fonte: a autora (2020).

Mas, então, como a organização deve agir para mitigar tantos fatores de riscos psicossociais? Existem protocolos e boas práticas a se seguir? Sim, na verdade, a gestão de qualquer tipo de risco se dá por meio de ações preventivas e procedimentos que busquem a melhoria contínua dentro da organização.

No caso da gestão de riscos psicossociais, soma-se o desafio de serem considerados um tipo de risco mais complexo de gerir do que os riscos já tradicionalmente descritos em saúde e segurança do trabalho. Sugere-se uma abordagem que seja preventiva, integrada e, ao mesmo tempo, sistemática para alcançar melhores resultados. Essas questões serão discutidas e tratadas no capítulo que se segue.

4 GESTÃO DOS RISCOS PSICOSSOCIAIS NAS ORGANIZAÇÕES

Ao longo dos tempos, a abordagem de riscos ocupacionais nas organizações costumava valorizar apenas os aspectos objetivos de riscos como químicos, biológicos e físicos. Tais abordagens buscam atender à legislação relacionada à saúde e segurança no trabalho a fim de prevenir acidentes e doenças oriundas da atividade laboral.

Entretanto, mais recentemente, empresas e especialistas têm dado cada vez mais importância para a inclusão de aspectos ou fatores psicossociais nas análises de riscos. Isso porque a própria noção de bem-estar sofreu modificações, tendo sido ampliada para "estado de completo de bem-estar físico, psicológico e social". Dessa forma, a noção de saúde atualmente aceita vai muito além de um estado de ausência de doenças, buscando uma ideia de saúde integral que congrega vários aspectos que estão interligados entre si.

No entanto, mudar para uma visão que leve em conta o psíquico e o social dos indivíduos nas empresas, além de sua saúde e integridade física, carrega inúmeros desafios. Isso porque a prevenção de riscos psicossociais nas organizações compele a entidade empregadora a participar de forma mais ativa na avaliação deles e na seleção de metodologias de análise que sejam mais adequadas ao seu contexto.

Normalmente, este tipo de avaliação conta com a participação direta dos próprios trabalhadores como informantes dos especialistas, pois se considera que a melhor fonte de informações sobre uma tarefa provém do indivíduo que a realiza cotidianamente. Ademais, empresas que investem em avaliar e prevenir os riscos psicossociais associados ao trabalho buscam profissionais qualificados, em equipes que reúnem competências diversas para essa função, pois compreendem que esses são riscos profissionais como qualquer outro, e que precisam ser manejados da melhor forma.

É de suma importância também que a gestão de riscos psicossociais aconteça por meio de um processo transparente e participativo, trazendo possibilidades de melhorias ao longo do tempo. Outro fator chave para o processo é o envolvimento da alta liderança, já que implantar a gestão de riscos psicossociais na empresa depende de mudanças de comportamento e empenho, principalmente por parte dos gestores.

Determinadas empresas optam por conduzir a criação e aplicação das estratégias de gestão de riscos psicossociais internamente, sobretudo quando a empresa já tem em seu quadro profissionais envolvidos com a área da saúde, segurança e higiene ocupacional.

Outras optam por contratar consultores externos, especialistas no tema, para a implantação. Seja qual for o formato escolhido, faz-se mister a compreensão de que este é um projeto de médio a longo prazo, cujos frutos serão colhidos de acordo com o comprometimento das pessoas na organização em geral.

Grosso modo, as etapas que envolvem a formação de um modelo para embasar a gestão de riscos psicossociais na esfera organizacional são: sensibilização das lideranças e trabalhadores, elaboração de um plano de ação, identificação dos fatores de riscos psicossociais existentes, definição dos indicadores mais adequados, ações para controle e/ou mitigação dos riscos, desenho de um modelo customizado para o contexto da empresa e aplicação do modelo. Após a primeira aplicação, é sempre importante realizar a revisão no modelo, de modo a aperfeiçoá-lo e permitir melhorias contínuas.

Na primeira etapa, já é possível observar a importância da participação de todas as pessoas da organização. Essa é a etapa de sensibilização quando são fornecidas mais informações e dirimidas as dúvidas sobre riscos psicossociais e sua gestão. É o momento crucial para conseguir o engajamento e adesão, principalmente dos gestores e líderes de equipes. É recomendado que nessa fase sejam mapeadas pessoas-chave para compor um comitê de elaboração do plano, sendo que elas tanto podem ser escolhidas quanto voluntárias.

A partir disso, é necessário elaborar um plano de ação que contenha o objetivo, as fases de implantação, a atribuição da responsabilidade de cada pessoa ou área além de um cronograma a ser atingido. O plano de ação servirá de base e deverá direcionar o projeto em termos de começo, meio e fim.

A próxima etapa é de singular importância, pois envolve a identificação dos fatores de riscos psicossociais a que os trabalhadores estão expostos. Este é um momento crítico que deve envolver a análise sistemática de todo e qualquer aspecto que possa vir a causar danos em termos psicossociais. Aqui os fatores de risco devem ser listados, bem como as funções mais potencialmente expostas a perigos. Medidas de probabilidade de ocorrência de danos devem ser calculadas, ao passo que precisam ser considerados os níveis de gravidade.

Em seguida, é necessário que a organização tenha definido quais os indicadores já existentes podem servir de base para auxiliar na gestão dos riscos psicossociais e se é necessário que se criem novos. Alguns indicadores frequentemente utilizados são: número de afastamentos do trabalho por doenças mentais, número de aposentadorias por invalidez relacionadas com as doenças mentais, número de processos movidos por trabalhadores por assédio moral, sexual, entre outros.

Na próxima etapa, entram ações para que se controlem ou até mesmo mitiguem os riscos identificados. Essa fase é relevante para o sucesso do modelo, uma vez que representa o grande objetivo da gestão de riscos. É a chamada etapa intervenção em que múltiplas atuações serão conduzidas para reverter cenários considerados negativos para a saúde psicossocial dos trabalhadores. Essa é uma etapa abundante em termos de erros e acertos que virão a trazer aprendizado para a organização.

A partir disso, com tanta informação e aprendizado reunido, já é possível que a organização desenhe seu modelo de gestão de riscos psicossociais. É importante que esse modelo seja de alguma forma moldado para atender o contexto da empresa e de sua área de atuação para que possa ser incorporada a cultura da empresa.

Normalmente, segue-se, então, para a aplicação do modelo em outras áreas da organização. É essencial que esse modelo não se torne algo fixo ou rígido, ao contrário, o sucesso de um modelo de gestão consiste na capacidade de moldá-lo e aperfeiçoá-lo ao longo do tempo e das circunstâncias.

Com o objetivo de prestar o devido auxílio aos gestores na tarefa de criar uma adequada gestão de riscos psicossociais nas organizações, diversas ferramentas foram desenvolvidas. Um resumo de algumas delas será apresentado no próximo capítulo.

5 INSTRUMENTOS PARA AVALIAÇÃO DE RISCOS PSICOSSOCIAIS NO TRABALHO

Conforme destacado no capítulo anterior, a identificação dos fatores de riscos psicossociais nas organizações é extremamente importante para a gestão de riscos na área. Para realizá-la, uma série de pesquisadores contribuiu ao longo do tempo com instrumentos e métodos que tencionam a gestão preventiva de riscos psicossociais. No referente capítulo, serão resumidas algumas ferramentas desenvolvidas internacionalmente conhecidas pelas abreviaturas de: FPSICO, COPSOQ, QARPIS, QEC e HSE-MS-IT. Dentre as desenvolvidas no Brasil, serão citados o ITRA e o PROART.

Dos instrumentos mais difundidos mundialmente encontram-se o FPSICO ou Método de Avaliação de Fatores Psicossociais, criado na Espanha. Essa ferramenta foi desenvolvida para identificar fatores de riscos psicossociais envolvendo tanto o trabalhador quanto o posto de trabalho. O FPSICO avalia os fatores de forma independente em uma escala e é composto de um total de 44 questões que contemplam fatores como autonomia, carga, variação e tempo de trabalho, exigências psicológicas do trabalho, oportunidades de participação e apoio social.

Outro instrumento bastante utilizado é o COPSOQ ou Questionário Psicossocial de Copenhagem, desenvolvido na Dinamarca. Apresentado em três versões entre curta, média e longa, que vão de 40 a 128 questões, essa ferramenta mede exigências físicas, cognitivas e emocionais no trabalho. Dentre elas estão o apoio de superiores e colegas, qualidade da liderança, satisfação no trabalho, conflitos trabalho-vida pessoal e estado de saúde geral. Ademais, oferece uma ficha para o planejamento de ações preventivas e corretivas.

Mais uma ferramenta, no caso de origem espanhola, é o QARPIS ou Questionário de Avaliação de Riscos Psicossociais e Identificação de Situações de Risco. O instrumento permite uma visão geral da organização em termos de fatores de riscos psicossociais, bem como a identificação de situações de risco em área-chave.

Além dessas ferramentas, outra também de origem europeia é o QEC ou *Quick Exposure Check,* desenvolvido no Reino Unido e validado para o Brasil. O questionário, contendo 16 itens, é basicamente voltado para avaliação de riscos ergonômicos, principalmente em relação à postura. Entretanto é importante destacá-la pois aborda em conjunto dois fatores psicossociais, como estresse e ritmo de trabalho. Um ponto interessante em relação a essa ferramenta é que ela é preenchida por um observador e também pelo próprio trabalhador, o que permite obter uma avaliação provinda de dois pontos de vista diferentes.

Um outro estudo conduzido também no Reino Unido e que foi validado para a realidade brasileira é o HSE-MS-IT ou *Health Safety Executive - Management Standard - Indicator Tool*. O questionário possui 35 itens dispostos em sete dimensões diferentes: demandas, controle, apoio gerencial, apoio dos colegas, relacionamentos e cargo e mudanças e é respondido diretamente pelo trabalhador.

Já dentre os instrumentos criados no Brasil, destaca-se o ITRA ou Inventário sobre Trabalho e Riscos de Adoecimento desenvolvido por Ferreira e Mendes (2003) na Universidade de Brasília. Essa ferramenta é composta de 128 itens divididos em quatro escalas: Escala de Avaliação do Contexto de Trabalho (EACT), Escala de Custo Humano no Trabalho (ECHT), Escala de Indicadores de Prazer e Sofrimento no Trabalho (EIPST) e Escala de Avaliação dos Danos Relacionados ao Trabalho (EADRT). A ferramenta foi criada para auxiliar na investigação da relação trabalho, subjetividade e possíveis efeitos na saúde do trabalhador.

Um outro instrumento também desenvolvido na Universidade de Brasília é o de Facas (2013) que, em sua tese de doutoramento sobre avaliação de riscos psicossociais no trabalho, propõe o PROART ou Protocolo de Avaliação dos Riscos Psicossociais, validado no Brasil. A ferramenta contém 91 questões a serem respondidas pelos trabalhadores que estão, por sua vez, divididas em diferentes escalas como: Escala Organização Prescrita do Trabalho, Escala de Estilo de Gestão, Indicadores de Sofrimento Patogênico no Trabalho e Escala de Danos Psicológicos, Sociais e Físicos.

O modelo de Facas (2013), tal qual foi disponibilizado

publicamente em sua tese de doutorado, é apresentado a seguir para ilustrar como a visão do trabalhador, que é subjetiva em sua natureza, pode ser captada como parte de uma análise sobre a relação entre a organização e o colaborador.

Figura 2 - Protocolo de Avaliação dos Riscos Psicossociais (PROART)

Protocolo de Avaliação dos Riscos Psicossociais no Trabalho

Leia os itens abaixo e escolha a alternativa que melhor corresponde à *avaliação* que você faz do seu *contexto de trabalho*.

1	2	3	4	5
Nunca	Raramente	Às vezes	Frequentemente	Sempre

O número de trabalhadores é suficiente para a execução das tarefas	1	2	3	4	5
Os recursos de trabalho são em número suficiente para a realização das tarefas	1	2	3	4	5
O espaço físico disponível para a realização do trabalho é adequado	1	2	3	4	5
Os equipamentos são adequados para a realização das tarefas	1	2	3	4	5
Há clareza na definição das tarefas	1	2	3	4	5
Há justiça na distribuição das tarefas	1	2	3	4	5
Os funcionários participam das decisões sobre o trabalho	1	2	3	4	5
A comunicação entre chefe e subordinado é adequada	1	2	3	4	5
Tenho autonomia para realizar as tarefas como julgo melhor	1	2	3	4	5
Há qualidade na comunicação entre os funcionários	1	2	3	4	5
As informações de que preciso para executar minhas tarefas são claras	1	2	3	4	5
O ritmo de trabalho é adequado	1	2	3	4	5
Os prazos para a realização das tarefas são flexíveis	1	2	3	4	5
A avaliação do meu trabalho inclui aspectos além da minha produção	1	2	3	4	5
Há flexibilidade nas normas para a execução das tarefas	1	2	3	4	5
As orientações que me são passadas para realizar as tarefas são coerentes entre si	1	2	3	4	5
As tarefas que executo em meu trabalho são variadas	1	2	3	4	5
Tenho liberdade para opinar sobre o meu trabalho	1	2	3	4	5
Possuo condições adequadas para alcançar os resultados esperados do meu trabalho	1	2	3	4	5

Leia os itens abaixo e escolha a alternativa que melhor corresponde à *avaliação* que você faz sobre *a forma de gestão utilizada na sua organização*.

1	2	3	4	5
Nunca	Raramente	Às vezes	Frequentemente	Sempre

Em meu trabalho, incentiva-se a idolatria dos chefes	1	2	3	4	5
Os gestores desta organização se consideram insubstituíveis	1	2	3	4	5
Aqui os gestores preferem trabalhar individualmente	1	2	3	4	5

Protocolo de Avaliação dos Riscos Psicossociais no Trabalho

1 Nunca	2 Raramente	3 Às vezes	4 Frequentemente	5 Sempre

	1	2	3	4	5
Nesta organização os gestores se consideram o centro do mundo	1	2	3	4	5
Os gestores desta organização fazem qualquer coisa para chamar a atenção	1	2	3	4	5
É creditada grande importância para as regras nesta organização	1	2	3	4	5
A hierarquia é valorizada nesta organização	1	2	3	4	5
Os laços afetivos são fracos entre as pessoas desta organização	1	2	3	4	5
Há forte controle do trabalho	1	2	3	4	5
O ambiente de trabalho se desorganiza com mudanças	1	2	3	4	5
Existe rigoroso planejamento das ações	1	2	3	4	5
Os gestores são intolerantes com o individualismo	1	2	3	4	5
As pessoas são compromissados com a organização mesmo quando não há retorno adequado	1	2	3	4	5
O mérito das conquistas na empresa é de todos	1	2	3	4	5
O trabalho coletivo é valorizado pelos gestores	1	2	3	4	5
Para esta organização, o resultado do trabalho é visto como uma realização do grupo	1	2	3	4	5
As decisões nesta organização são tomadas em grupo	1	2	3	4	5
Somos incentivados pelos gestores a buscar novos desafios	1	2	3	4	5
Os gestores favorecem o trabalho interativo de profissionais de diferentes áreas.	1	2	3	4	5
A competência dos trabalhadores é valorizada pela gestão	1	2	3	4	5
Existe oportunidades semelhante de ascensão para todas as pessoas	1	2	3	4	5
Os gestores se preocupam com o bem estar dos trabalhadores	1	2	3	4	5
A inovação é valorizada nesta organização	1	2	3	4	5

Leia os itens abaixo e escolha a alternativa que melhor corresponde à *avaliação* que você faz das suas *vivências em relação ao seu trabalho atual*.

1 Nunca	2 Raramente	3 Às vezes	4 Frequentemente	5 Sempre

	1	2	3	4	5
Meu trabalho é desvalorizado pela organização	1	2	3	4	5
Sinto-me inútil em meu trabalho	1	2	3	4	5
Considero minhas tarefas insignificantes	1	2	3	4	5
Sinto-me improdutivo no meu trabalho	1	2	3	4	5

Protocolo de Avaliação dos Riscos Psicossociais no Trabalho

1 Nunca	2 Raramente	3 Às vezes	4 Frequentemente	5 Sempre

	1	2	3	4	5
A identificação com minhas tarefas é inexistente	1	2	3	4	5
Sinto-me desmotivado para realizar minhas tarefas	1	2	3	4	5
Meu trabalho é irrelevante para o desenvolvimento da sociedade	1	2	3	4	5
Meu trabalho é sem sentido	1	2	3	4	5
Minhas tarefas são banais	1	2	3	4	5
Meu trabalho é cansativo	1	2	3	4	5
Meu trabalho é desgastante	1	2	3	4	5
Meu trabalho me frustra	1	2	3	4	5
Meu trabalho me sobrecarrega	1	2	3	4	5
Meu trabalho me desanima	1	2	3	4	5
Submeter meu trabalho a decisões políticas é fonte de revolta	1	2	3	4	5
Meu trabalho me faz sofrer	1	2	3	4	5
A submissão do meu chefe à ordens superiores me causa revolta	1	2	3	4	5
Permaneço neste emprego por falta de oportunidade no mercado trabalho	1	2	3	4	5
Meu trabalho me causa insatisfação	1	2	3	4	5
Meus colegas desvalorizam meu trabalho	1	2	3	4	5
Falta-me liberdade para dizer o que penso sobre meu trabalho	1	2	3	4	5
Meus colegas são indiferentes comigo	1	2	3	4	5
Sou excluído do planejamento de minhas próprias tarefas	1	2	3	4	5
Minha chefia trata meu trabalho com indiferença	1	2	3	4	5
É difícil a convivência com meus colegas	1	2	3	4	5
O trabalho que realizo é desqualificado pela chefia	1	2	3	4	5
Falta-me liberdade para dialogar com minha chefia	1	2	3	4	5
Há desconfiança na relação entre chefia e subordinado	1	2	3	4	5

Os itens, a seguir, tratam dos tipos de ***problemas físicos, psicológicos e sociais que você avalia como causados, essencialmente, pelo seu trabalho***. Marque o número que melhor corresponde à freqüência com a qual eles estiveram presentes na sua vida nos **últimos seis meses**.

1 Nunca	2 Raramente	3 Às vezes	4 Frequentemente	5 Sempre

	1	2	3	4	5
Amargura	1	2	3	4	5
Sensação de vazio	1	2	3	4	5

Protocolo de Avaliação dos Riscos Psicossociais no Trabalho

1	2	3	4	5
Nunca	Raramente	Às vezes	Frequentemente	Sempre

Mau-Humor	1	2	3	4	5
Vontade de Desistir de Tudo	1	2	3	4	5
Tristeza	1	2	3	4	5
Perda da auto-confiança	1	2	3	4	5
Solidão	1	2	3	4	5
Insensibilidade em relação aos colegas	1	2	3	4	5
Dificuldades nas relações fora do trabalho	1	2	3	4	5
Vontade de ficar sozinho	1	2	3	4	5
Conflitos nas relações familiares	1	2	3	4	5
Agressividade com os outros	1	2	3	4	5
Dificuldade com os amigos	1	2	3	4	5
Impaciência com as pessoas em geral	1	2	3	4	5
Dores no corpo	1	2	3	4	5
Dores no braço	1	2	3	4	5
Dor de cabeça	1	2	3	4	5
Distúrbios digestivos	1	2	3	4	5
Dores nas costas	1	2	3	4	5
Alterações no sono	1	2	3	4	5
Dores nas pernas	1	2	3	4	5
Distúrbios Circulatórios	1	2	3	4	5
Alterações no apetite	1	2	3	4	5

Deseja fazer algum comentário sobre os itens respondidos? _______________

____

____

____

____

____

____

Protocolo de Avaliação dos Riscos Psicossociais no Trabalho

Quais são as principais dificuldades que você enfrenta em seu trabalho?

____

____

____

____

____

____

____

____

Como faz para lidar com essas dificuldades?

____

____

____

____

____

____

____

____

____

Fonte: Facas (2013) p.186-190

Os instrumentos citados nesse capítulo de modo algum compreendem todos os instrumentos existentes. Entretanto, são alguns exemplos de ferramentas bastante utilizadas e que refletem a diversidade de abordagens existentes no que se refere à avaliação de riscos psicossociais. Outra questão diz respeito a sugestão de que tais instrumentos não sejam utilizados como única fonte de informação, mas sempre como um recurso dentre vários outros na análise de riscos ocupacionais.

É importante mencionar ainda que a aplicação de um questionário relacionado com os riscos ocupacionais não dispensa a análise crítica de um técnico ou engenheiro de segurança do trabalho que é o profissional habilitado a fazer a apreciação das condições de riscos associados ao trabalho. Na verdade, é recomendado que esse profissional esteja a frente e totalmente envolvido em uma análise dessa natureza, contando com o apoio de outros profissionais que possam lhe dar suporte, formando uma equipe multidisciplinar.

Como a gestão de riscos ocupacionais é uma questão que envolve a mudança de comportamentos, uma das áreas dentro da empresa que normalmente participa ativamente na implantação de uma gestão de riscos é justamente a área de gestão de pessoas, assunto que será tratado no capítulo seguinte.

6 GESTÃO DE PESSOAS COMO APOIO À GESTÃO DE RISCOS OCUPACIONAIS

Uma vez que a empresa decida implantar a gestão de riscos ocupacionais, a participação da área de gestão de pessoas se torna de importância fundamental. Isso porque é a área responsável por auxiliar a envolver e desenvolver todos os trabalhadores. Vale frisar que todas demais funções que são de responsabilidade da gestão de pessoas estão diretas ou indiretamente ligadas à implantação de novos sistemas de gestão.

Sendo assim, veremos como as funções de recrutar e selecionar profissionais, desenvolver os profissionais, elaborar e aplicar políticas e normas na empresa e cuidar do bem-estar dos trabalhadores, tipicamente realizadas pela área de gestão de pessoas, podem impulsionar os resultados na gestão de riscos ocupacionais, principalmente os de ordem psicossocial.

Mas, antes de tudo, é necessário conceituar a gestão de pessoas. Esse conceito é uma evolução da ideia de recursos humanos, tão comum durante o século XX, que considerava as pessoas nas organizações simplesmente como recursos. Os recursos da organização se referem aos meios que as empresas detêm para atingir seus objetivos como o capital, matérias-primas, equipamentos e até o espaço físico em que se realizam suas atividades. Por muito tempo, as pessoas também foram consideradas meros recursos para que a organização atingisse suas finalidades.

Nesse período, o termo recursos humanos estava mais ligado às funções do departamento pessoal das organizações, que consistia basicamente em fazer a admissão e demissão de funcionários, administrar a folha de pagamento, controlar jornada de trabalho, férias, encargos sociais e trabalhistas. Entretanto, com o avanço e as modificações no mundo do trabalho outras atribuições foram sendo desenvolvidas e acopladas à área da empresa destinada a lidar com pessoas, que passou a imprimir uma visão mais humanizada nas organizações.

Essa visão mais contemporânea considera as pessoas como potenciais estratégicos para as organizações, ao invés de simples recursos que poderiam ser rapidamente substituídos. E foi assim que surgiu a concepção de gestão de pessoas ou gestão estratégica de pessoas como uma nova área nas empresas.

Atualmente, essa é uma área muito valorizada, principalmente pelas grandes empresas, que passaram a compreender que as pessoas constituem importante diferencial competitivo e inovativo. Com isso, a gestão estratégica de pessoas foi agregando mais funções e passando a atuar em um contexto mais complexo no qual o objetivo passou a ser ter menos dedicação quanto às funções administrativas e mais foco na gestão estratégica. A área assumiu a posição de prestadora de serviços dentro da própria empresa, passando a ser um apoio para outras áreas da organização e também aos gestores. Naturalmente, a gestão de pessoas ocupa seu espaço também como suporte para áreas de saúde e segurança do trabalho (SST), diretamente implicadas na gestão de riscos ocupacionais.

No que se refere ao recrutamento e seleção de novos profissionais para a empresa, é a área de gestão de pessoas que, com os gestores das outras áreas, irá buscar profissionais cujas competências humanas e técnicas sejam compatíveis com o cargo desocupado, considerando suas habilidades, conhecimentos e experiência. Mas isso não é tudo. Os selecionadores também se certificam que as características do candidato à vaga tenham aderência à cultura da empresa. Em se tratando de uma empresa que investe na chamada "cultura de segurança", é necessário que os profissionais que serão selecionados possuam características pessoais compatíveis com os valores e cultura da organização.

Uma vez inseridos na empresa, esses novos colaboradores passarão por processos de integração e ambientação no trabalho, uma atribuição da área de gestão de pessoas. Nesse processo, ocorre a inicialização do colaborador no meio corporativo e seus primeiros contatos com outros colaboradores, processos internos e alinhamento com a cultura da empresa. Nesse momento, é fundamental que haja um alinhamento entre a disponibilidade do colaborador para incorporar-se às normas e políticas da organização, incluindo as normas de saúde e segurança no trabalho.

É recomendado que os novos e os antigos colaboradores passem por processos de treinamento e desenvolvimento constantes na organização. No que tange às questões relacionadas à SST e a gestão de riscos ocupacionais, é função da área de gestão de pessoas proporcionar uma base sólida para o constante aperfeiçoamento e crescimento pessoal ou profissional das pessoas. Trabalhando conhecimentos, habilidades e atitudes dos trabalhadores e desenvolvendo novas competências a empresa aumenta a probabilidade de que os comportamentos relacionados à saúde e segurança estejam alinhados com os desejados pela organização.

O *feedback* constante também é importante. Esse retorno em relação ao desempenho das pessoas normalmente é dado de maneira formal durante os processos de avaliação de desempenho e informal no dia a dia do trabalho. Dessa maneira, feedbacks rotineiros acerca de como lidar com aspectos ligados à saúde e segurança são fundamentais na construção de um ambiente mais saudável.

Outras formas de desenvolver pessoas incluem rotação em diferentes cargos, participação em cursos, treinamentos e palestras, aprendizagem na prática, participação em jogos empresariais, possuir mentoria de um colaborador mais experiente da organização, entre outras. Todas essas estratégias podem e devem ser incluídas para a melhoria das condições de saúde e segurança internas das organizações.

Ademais, a área de gestão de pessoas colabora diretamente na elaboração e aplicação das políticas e normas da empresa. Sugere-se que os profissionais responsáveis pelos departamentos de saúde e segurança ou no desenvolvimento de ações para gerir os riscos ocupacionais envolvam os profissionais da gestão de pessoas a fim de obter resultados potencializados.

Uma das normas regulamentadoras mais conhecidas são as NRs, disposições oriundas da consolidação das leis do trabalho (CLT) e que englobam obrigações, direitos e deveres que devem ser cumpridos pelos empregadores e trabalhadores com o objetivo de garantir trabalho seguro e sadio. Além dessas, que são obrigatórias por lei, cada organização cria suas políticas internas e regras individuais que, relacionadas com a SST, objetivam garantir a integridade e saúde de todos dentro do ambiente de trabalho.

Assim a área de gestão de pessoas pode colaborar tanto na criação quanto na aplicação e verificação do cumprimento das normas, trabalhando com médicos, fisioterapeutas, técnicos e engenheiros de segurança do trabalho. O resultado da coexistência de ações multidisciplinares no cuidado e bem-estar dos colaboradores costuma ser a retenção e atração de talentos, o estabelecimento de um clima organizacional saudável e, consequentemente, um alto desempenho organizacional.

É claro que implantar e manter um sistema como esse é complexo e requer investimentos, uma vez que são muitos profissionais especializados envolvidos. Por essa razão, muitas empresas acabam optando por manter o foco em suas atividades produtivas principais e contratam consultorias qualificadas para cuidar dessa área. Em geral, as empresas consultoras já possuem uma equipe específica para desenvolver essas atividades e o custo-benefício envolvido pode ser atrativo.

Entretanto, é importante destacar que, mesmo contando com uma equipe externa que trate de questões envolvendo a saúde, segurança e bem-estar, a organização deve estar atenta e não descuidar de alguns fatores. Entre eles a necessidade de contato próximo e alinhamento constante entre os consultores externos, já que cada empresa possui suas particularidades e riscos distintos. O mesmo alinhamento entre os consultores e gestores de cada área deve ser buscado, a fim de que seja perceptível que todas as ações e discursos estão ajustados no sentido de criar e difundir uma narrativa única, diminuindo discrepâncias e ruídos de comunicação.

É relevante lembrar que as ações dos líderes possuem grande impacto sobre os liderados de forma que, em termos organizacionais, não há nada mais destrutivo do que gestores do tipo "faça o que eu digo, mas não faça o que eu faço". A liderança pelo exemplo está entre os tipos mais eficazes de liderança para se que se possa conseguir o comprometimento dos colaboradores. Sendo assim, são posições de alta responsabilidade, pois qualquer deslize relacionado com a SST pode acarretar consequências irreversíveis como acidentes de trabalho ou doenças que culminem em óbito, invalidez permanente e sofrimento que poderiam ter sido evitados. Por essa razão, investir no desenvolvimento e amadurecimento dos líderes da organização é uma peça fundamental no que concerne a empresa em geral e também a gestão dos riscos ocupacionais.

Além de se ocupar de todas essas responsabilidades, mais um atributo da área de gestão de pessoas é o cuidado com o bem-estar e qualidade de vida dos colaboradores. Para tanto, a criação de programas de prevenção e ações em saúde foram ganhando destaque nas empresas ao longo dos últimos anos. Assim, o significado de qualidade de vida no trabalho e algumas práticas que podem ser desenvolvidas nessa área serão apresentados no próximo capítulo.

7 QUALIDADE DE VIDA NO TRABALHO

O campo de estudos em Qualidade de Vida no Trabalho (QVT) começou a emergir a partir do ano 1960 objetivando compreender e analisar as condições de trabalho em relação a aspectos como bem-estar, saúde física, mental e social, segurança, além da capacitação necessária para que os trabalhadores possam executar suas tarefas. Organizacionalmente a QVT é um arranjo de ações realizadas pela empresa que compreendem diagnóstico, implementação de melhorias sejam estruturais, tecnológicas ou gerenciais dentro e até fora do local de trabalho a fim de oferecer condições saudáveis para o desenvolvimento do trabalho.

Importante ressaltar que programas de QVT partem de uma disposição da gestão da organização, isso quer dizer que o principal esforço em elaborar medidas, normas e diretrizes para a melhoria das condições e das relações profissionais parte da própria empresa.

Isso acontece quando as empresas reconhecem que devem oferecer ferramentas que minimizem ou solucionem os problemas que são gerados pela própria natureza das relações produtivas. Assim, essas organizações focam em gerar inovações em processos administrativos ou gerenciais que permitam a conciliação entre a produtividade desejada pela empresa e a qualidade de vida do trabalhador. Tal condição envolve fatores complexos como humanização no ambiente de trabalho, condições de saúde e segurança, potencialização do desenvolvimento da capacidade das pessoas, integração social e reconhecimento da importância social da vida no trabalho.

Sendo assim, ao longo do tempo, várias dimensões e medidas de QVT foram desenvolvidas para avaliar o equilíbrio entre a saúde do trabalhador e as condições oferecidas pelas empresas. Por conta de sua natureza, as medidas de QVT estão muitas vezes interligadas com a pesquisa de "clima organizacional". A pesquisa de clima organizacional busca medir a atmosfera psicológica das organizações. Ela está relacionada com as propriedades motivacionais e o ambiente percebido pelo trabalhador que, por sua vez, tem influências no seu comportamento. Assim, o clima organizacional é considerado favorável quando estimula a satisfação das necessidades pessoais de cada indivíduo, por essa razão, é tido como uma medida subjetiva.

Os aspectos relacionados ao clima organizacional dependem de vários fatores que vão desde a estrutura da empresa, passando pelas oportunidades possíveis, pelo significado do trabalho, sentimentos de equipe, preparo das lideranças, avaliação da remuneração, entre outros. Já os resultados que uma empresa colhe por ter um bom clima para se trabalhar vão desde um alto desempenho dos colaboradores, maior produtividade e qualidade, aumento da competitividade e inovação, atração e retenção de talentos.

Inúmeras empresas desejam alcançar um clima positivo, favorecendo a qualidade de vida do trabalhador, em troca dos resultados positivos que isso lhe traz. Para isso, muitas investem grandes esforços e quantias.

Um exemplo de uma iniciativa muito popular no Brasil é a pesquisa das "Melhores empresas para trabalhar", que ficou conhecida como uma das maiores pesquisasa de clima organizacional no país. Criada em 1997 em parceria com a revista Exame e a Fundação Instituto de Administração (FIA) essa certificação tem como objetivo apontar as empresas que se destacam em termos de satisfação no trabalho e QVT dos funcionários.

Qualquer empresa pode se candidatar à avaliação, e a seleção acontece anualmente. O questionário, aplicado aos colaboradores, aborda quatro conceitos: identidade, satisfação/motivação, liderança e aprendizado. Já da parte da empresa ela deve relatar quais são as práticas adotadas em relação a estratégia, gestão, liderança, políticas e cidadania. Também são realizadas visitas às empresas por parte dos organizadores.

As empresas vencedoras recebem um selo e grande destaque pela mídia. Além disso, suas práticas acabam servindo de modelo para outras empresas. Por essas razões o prêmio é amplamente disputado e desejado entre as empresas. Por conta da visibilidade no mercado que concede aos ganhadores essas organizações conseguem atrair os melhores talentos.

Tais profissionais procuram escolher empresas com um bom clima organizacional para trabalhar, boa remuneração e benefícios, oportunidades de crescimento, boa estrutura de gestão, alto nível de liderança, e baixos níveis de doenças ou acidentes associados ao trabalho. E o selo fornecido pela "Melhores empresas para trabalhar" fornece um impacto muito positivo no que tange a busca das empresas por um ambiente mais saudável.

Qualquer empresa de qualquer porte e área de atividade pode concorrer ao prêmio. Nos últimos anos, inclusive, tem tido destaque os casos de empresas pequenas e locais que, com sua criatividade e desejo de melhorar a qualidade de vida no ambiente laboral, desenvolveram ações simples, com baixo custo, mas altamente efetivas.

Em relação a outras ferramentas para medição da qualidade de vida no trabalho merece destaque também o modelo de Walton (1973). Tal modelo envolve questões como: se o trabalhador considera sua compensação justa e adequada, se as condições de trabalho estão voltadas a reduzir ao mínimo o risco de doenças e danos ao trabalhador, se existe a possibilidade de uso e desenvolvimento de suas capacidades, se há oportunidade de crescimento e estabilidade profissional, se existe integração social, ausência de preconceitos e a igualitarismo. Uma outra dimensão tratada pelo autor é o chamado constitucionalismo que envolve o direito à privacidade pessoal e liberdade de expressão, além da dimensão de trabalho e o espaço total de vida. É oportuno mencionar também a relevância social do trabalho na vida do colaborador por ser um fator que está relacionado com a imagem que a empresa possui perante a sociedade.

Outro exemplo de ferramenta é a *Quality of Work Life Scale* (QWLS), desenvolvida por Sirgy (2001) e que teve seu conteúdo validado para o Brasil. A ferramenta é composta por sete dimensões: saúde e segurança, necessidades econômicas e familiares, necessidades sociais e interação positiva, necessidade de reconhecimento e estima pelo empregador, de atualização e desenvolvimento do potencial do colaborador na empresa, necessidades de conhecimento e melhoria da aprendizagem e necessidade de exercer a criatividade.

Um instrumento brasileiro bastante difundido, foi desenvolvido por Reis Junior (2008) na Universidade Tecnológica Federal do Paraná (UTFPR). Trata-se do *Quality of Working Life Questionnaire* (QWLQ-78), ou questionário de qualidade de vida no trabalho. O questionário, composto de 78 questões, abrange diversos domínios como: físico/saúde, em que são abordados aspectos relacionados à saúde e doenças relacionadas ao trabalho bem como hábitos dos colaboradores; psicológico que aborda aspectos relacionados à motivação no trabalho e satisfação pessoal; pessoal em que são questionados aspectos familiares, pessoais e até mesmo crenças religiosas que possam ter relação com o trabalho e por último, o domínio profissional que abrange a percepção de qualidade de vida no trabalho dos colaboradores e aspectos que a influenciam.

O instrumento QWLQ-78 merece destaque, ainda, por ter sido criado e validado dentro do contexto brasileiro, o que garante sua validade cultural e semântica por si só. A título de demonstração, considerando também que o autor disponibilizou o questionário por meio de publicação em revista científica, apresenta-se abaixo as questões referentes a cada domínio e que devem ser respondidas pelo próprio colaborador. Para cada questão, uma escala likert é disponibilizada para as respostas sendo 1=nada; 2= muito pouco; 3= mais ou menos; 4= bastante e 5= extremamente.

Quadro 1 - *Quality of Working Life Questionnaire* (QWLQ-78)

Domínio	Questão
Físico/Saúde	Quanto você cuida da sua alimentação? Quanto você se preocupa com sua saúde? Quanto você se preocupa com dores ou desconfortos no trabalho? Em que medida você tem dificuldades para cuidar da sua saúde? Você pratica exercício físico regular? Você tem alguma dificuldade para dormir? Em que medida você avalia o seu sono? Em que medida algum problema com o sono prejudica seu trabalho? Você sofre com cefaléias (dores de cabeça)? Você sofre com dores estomacais? Em que medida você necessita de medicamentos para poder trabalhar? Você sofre com doenças hereditárias (colesterol, pressão alta)? Ao final da jornada de trabalho, o quanto você se sente cansado? Em que medida suas dores e/ou saúde o impede de realizar o que precisa? Suas necessidades fisiológicas básicas são satisfeitas adequadamente? Você pratica ginástica laboral ou outro tipo de atividade física na empresa? Em que medida você se sente confortável no ambiente de trabalho?
Psicológico	Em que medida você avalia sua auto-estima? Quanto você se sente inibido no trabalho devido à sua aparência? Quanto você consegue se concentrar no seu trabalho? Em que medida algum sentimento negativo (tristeza, desespero) interfere no seu

	trabalho? Em que medida você avalia sua motivação para trabalhar? Como você avalia o espírito de camaradagem dos seus colegas de trabalho? Como você avalia sua liberdade de expressão no seu trabalho? Em que medida você avalia o orgulho pela sua profissão? Como você avalia a segurança no ambiente de trabalho? Em que medida o barulho no ambiente de trabalho lhe incomoda?
Pessoal	Como você avalia a sua capacidade de auto-avaliação no trabalho? Em que medida você avalia a qualidade do seu lazer e da sua família? Em que medida você tem uma moradia adequada? Você tem alguma dificuldade geográfica em relação ao seu trabalho? (deslocamento, viagens, mudanças). Você sofre algum tipo de preconceito no seu trabalho? Como você avalia a sua privacidade pessoal no seu trabalho? Você se sente realizado com o trabalho que faz? Como você avalia a qualidade da sua relação com seus superiores e/ou subordinados? Em que medida sua família avalia o seu trabalho? Você sofre algum tipo de dificuldade na família por causa do seu trabalho? Você sofre algum tipo de dificuldade no trabalho por causa da sua cultura familiar? Em que medida seus valores familiares são respeitados no seu trabalho? Em que medida suas crenças pessoais e/ou religiosas são respeitadas no seu trabalho? Em que medida você é respeitado pelos seus colegas e superiores? Em que medida você tem os meios de transporte adequados para trabalhar? O quanto você está satisfeito com a sua capacidade de ajudar os outros no trabalho?
Profissional	Com que freqüência você falta ao trabalho por motivo de doença? Com que freqüência você fica doente devido ao seu trabalho? Como você avalia o seu acesso à assistência médica no trabalho? Como você avalia a qualidade da assistência médica recebida no trabalho? Como você avalia a sua autonomia no trabalho? Como você avalia a sua carga horária de trabalho diário? Como você avalia a cooperação entre os níveis hierárquicos no

	trabalho?
	Como você avalia a sua liberdade para criar coisas novas no trabalho?
	Como você avalia a igualdade de tratamento entre os funcionários?
	Com que freqüência você é obrigado a mudar sua rotina em casa devido ao trabalho?
	Em que medida você confia na disponibilidade e na habilidade de seus colegas de trabalho?
	Em que medida você possui identidade com a tarefa que realiza?
	Com que freqüência você pensa em mudar radicalmente de emprego?
	Em que medida você possui orgulho da organização na qual trabalha?
	Em que medida você se sente seguro quanto à prevenção de acidentes de trabalho?
	Como você avalia o seu conhecimento sobre todos os processos de trabalho da organização?
	Em que medida você possui consciência sobre as metas e objetivos do seu trabalho?
	Em que medida você gosta do nível de desafio que lhe é proposto no trabalho?
	Em que medida você está satisfeito com o seu nível de participação nas decisões da empresa?
	Como você avalia a partilha de ganhos na produtividade na sua empresa?
	A sua organização possibilita a construção de uma carreira e/ou de avanços salariais?
	Como você avalia a sua remuneração pelo trabalho?
	Com que freqüência você necessita de outras fontes de dinheiro para se sustentar?
	Com que freqüência seus benefícios e direitos trabalhistas são respeitados?
	Em que medida seus valores familiares são respeitados no seu trabalho?
	Você está satisfeito com o feedback (retroalimentação) dado pela organização sobre o seu trabalho?
	Você se sente satisfeito com os treinamentos dados pela organização?
	Em que medida você está satisfeito com a sua capacidade para aprender?
	Você se sente satisfeito com a variedade das tarefas que realiza?
	Você tem sua vida pessoal preservada no ambiente de

	trabalho? Quanto você se sente estável no seu emprego? Como você avalia o espírito de camaradagem no seu trabalho? O quanto você consegue dos colegas o apoio que necessita no trabalho? Em que medida você consegue ter acesso rápido as informações no trabalho? O quanto você está satisfeito com a sua qualidade de vida no trabalho?

Fonte: Reis Junior; Pilatti e Pedroso (2012) p.7-9

O desenvolvimento de tantas ferramentas para a medição da qualidade de vida no trabalho denota a importância de uma avaliação detalhada e profunda por parte da organização. Da mesma forma como na avaliação de riscos citada anteriormente, sem informações de qualidade e suficientes, não é possível que os gestores tenham o embasamento necessário para criar programas que atendam verdadeiramente à organização e aos colaboradores. Uma fase diagnóstica feita com qualidade e realizada por profissionais experientes e qualificados poupa eventuais desperdícios de tempo, de recursos e de esforços por parte de todos os envolvidos.

A melhoria em QVT é uma meta que busca promover a conciliação do interesse dos colaboradores na medida de sua satisfação com o trabalho, e dos empregadores na medida do aumento da produtividade empresarial. Essas ações, ao longo do tempo, vão moldando e se incorporando à cultura da empresa que vem a ser o somatório das posturas, mentalidade e comportamentos que os indivíduos demonstram no trabalho e até fora dele.

Por essa razão, inúmeras organizações vêm buscando trabalhar a sua cultura de segurança e saúde no trabalho, já que questões culturais podem muitas vezes se tornar obstáculos no momento de implantar mudanças, principalmente as relacionadas às SST. Por outro lado, empresas com uma cultura de segurança bem estabelecida costumam ter sucesso na implantação de sistemas de gestão de riscos e bom desempenho de suas funções. Veremos por que isso acontece no capítulo seguinte.

8 POR UMA CULTURA DE SEGURANÇA E SAÚDE NO TRABALHO

Antes de conceituar cultura de segurança e saúde no trabalho é importante refletir sobre o que é cultura organizacional. A cultura de uma organização é um conjunto profundo de valores, crenças e ações que conduzem as pessoas em suas atividades profissionais. Assim, a cultura de uma empresa acaba funcionando como um guia de como se comportar que direciona todas as práticas, hábitos e princípios internos. Existe uma frase antiga que diz que "cultura é tudo aquilo que as pessoas fazem quando ninguém está olhando". Essa frase explica muito bem sobre a importância da cultura de uma organização e também sobre a importância de uma cultura voltada para segurança e saúde no trabalho (SST).

Quando uma empresa tem uma cultura de SST desenvolvida, isso significa que ela possui crenças, atitudes e uma forma de agir coletiva que prima pelas boas práticas em segurança e saúde no trabalho. Significa também que novas atitudes em relação à SST surgem, evoluem e se mantém na organização.

De acordo com o pesquisador Geller (2005) uma cultura de

segurança é composta por três itens que são: as pessoas, o ambiente em que elas estão e o seu comportamento. No que diz respeito às pessoas, a cultura de segurança da organização se entrelaça com seus conhecimentos, habilidades, capacidades, inteligência e até mesmo sua personalidade. Já em relação ao ambiente, compõe-se da qualidade de equipamentos, ferramentas, máquinas e sua adequada manutenção. Além disso está ligada às normas, padrões e regulamentos que estão sendo cumpridos. Mas e o comportamento? De que modo a empresa pode auxiliar o colaborador a ter um comportamento mais consciente em relação à SST?

Nesse sentido, cabe à empresa disponibilizar um conjunto de estratégias como capacitação, demonstração, comunicação e desenvolvimento capazes de despertar e desenvolver mudanças de comportamento mais positivos em SST. Ademais, conforme mencionado no capítulo 6, é responsabilidade da empresa, por meio do trabalho da área de gestão de pessoas, administrar todos os recursos vinculados ao reconhecimento e motivação dos colaboradores. Dessa forma pode-se buscar um alinhamento coerente entre as expectativas do trabalhador e da empresa.

É por essa razão que cada vez mais as empresas têm buscado atentar sobre o papel de sua cultura interna em relação à saúde e segurança do trabalho. Para muitas organizações, promover intervenções para melhorar sua cultura em SST já é uma prioridade pois o retorno é altamente positivo.

Organizações que desenvolvem uma cultura em SST têm esses valores e atitudes refletidos em seus colaboradores, que, por sua vez, demonstram comportamentos de maior comprometimento com a gestão de riscos e segurança. Além disso, são organizações que costumam apresentar padrões mais positivos de confiança mútua e percepção compartilhada quanto a importância das ações de prevenção.

Na verdade, a chamada consciência compartilhada dos riscos, forma toda a base da cultura de SST. É claro que cada departamento, unidades de produção ou funções exigem diferentes níveis de atenção aos riscos. Mas quando uma empresa desenvolve e consolida uma cultura de segurança no trabalho essa consciência é compartilhada entre todos, de modo que um se sente responsável e atento à segurança do outro.

A implantação de ações relacionadas ao melhoramento da cultura em SST envolve vários fatores que incluem desde a dimensão técnica, o sistema de gestão de riscos em si, além dos aspectos humanos e organizacionais. Todos esses fatores devem ser integrados de modo que nenhum deles seja negligenciado. Mas, via de regra, quando uma organização decide começar a investir em sua cultura de segurança ela passa por algumas fases de desenvolvimento que, não raro, iniciam-se pela dimensão técnica.

A dimensão técnica consiste no investimento das organizações em melhorias relacionadas à integridade das instalações, na modernização e manutenção de equipamentos e condições profissionais. Uma vez que o pilar técnico esteja bem estabelecido, segue-se para a preocupação com os sistemas de gestão de segurança.

Os investimentos em gestão de segurança caracterizam o

momento em que a organização formaliza os seus processos, procedimentos e regras em relação à segurança e saúde no trabalho. Nesse sentido, empresas com maior maturidade em relação à conscientização da importância do sistemas de SST não procuram instalar procedimentos somente para satisfazer as exigências externas ou regulamentos que atendam eventuais auditorias. Ao contrário, elas vêm essa etapa como uma oportunidade para trabalhar junto aos colaboradores por meio da conscientização e execução de medidas apropriadas à prevenção e que assegurem a saúde do trabalhador.

Por fim, mas não menos importante, as organizações avançam para trabalhar os aspectos humanos e organizacionais relacionados à SST. É nessa fase ou dimensão que a organização irá reconhecer a importância dos Fatores Humanos e Organizacionais (FHO) para que a empresa desempenhe suas atividades de forma segura e confiável.

De acordo com o ICSI, Instituto por uma Cultura de Segurança Industrial, de origem francesa, são quatro os componentes dentre os fatores humanos e organizacionais (FHO) que contribuem para a segurança: os indivíduos, a situação de trabalho, os coletivos de trabalho e a organização e gestão.

No quesito indivíduos, considera-se a formação do trabalhador, suas competências e estado de saúde. Todos esses fatores devem estar de acordo e alinhados com a tarefa a ser realizada. No quesito situação de trabalho considera-se se a atividade a ser desempenhada foi projetada ou não de acordo com as características humanas e estão adaptadas as condições do operador.

Já no que tange os coletivos de trabalho, considera-se a qualidade das relações em equipes, da transmissão de informações, da existência de debates e presença de vigilância compartilhada entre todos os membros. No quesito organização e gestão do trabalho, leva-se em consideração a forma de organizar o trabalho além do papel que os gestores desempenham no tratamento dos conflitos, no ajuste às regras e na comunicação. Uma vez que são os gestores que em geral inspiram os demais colaboradores da empresa em termos de comportamento a ser seguido, o exemplo das lideranças se faz fundamental no reflexo do comportamento dos demais colaboradores.

Isso posto, o grande desafio das empresas é atingir um nível de evolução que integre todos os pilares fundamentais da cultura de segurança. Tais pilares, ao longo do tempo, vão se incorporando à própria cultura da organização e se tornando indissociáveis. Nesse ponto, tende-se a um alinhamento entre todos os integrantes em relação à uma consciência coletiva em segurança e prevenção.

Em suma, os pressupostos sugeridos pelo Instituto por uma Cultura de Segurança Industrial sugerem que os fatores humanos e organizacionais são a base dos comportamentos que, por sua vez, conduzem os efeitos na organização. Essa forma de conceber a cultura de SST da organização pode ser visualizada na figura a seguir:

Figura 3 – Fatores Humanos e Organizacionais da Segurança Industrial

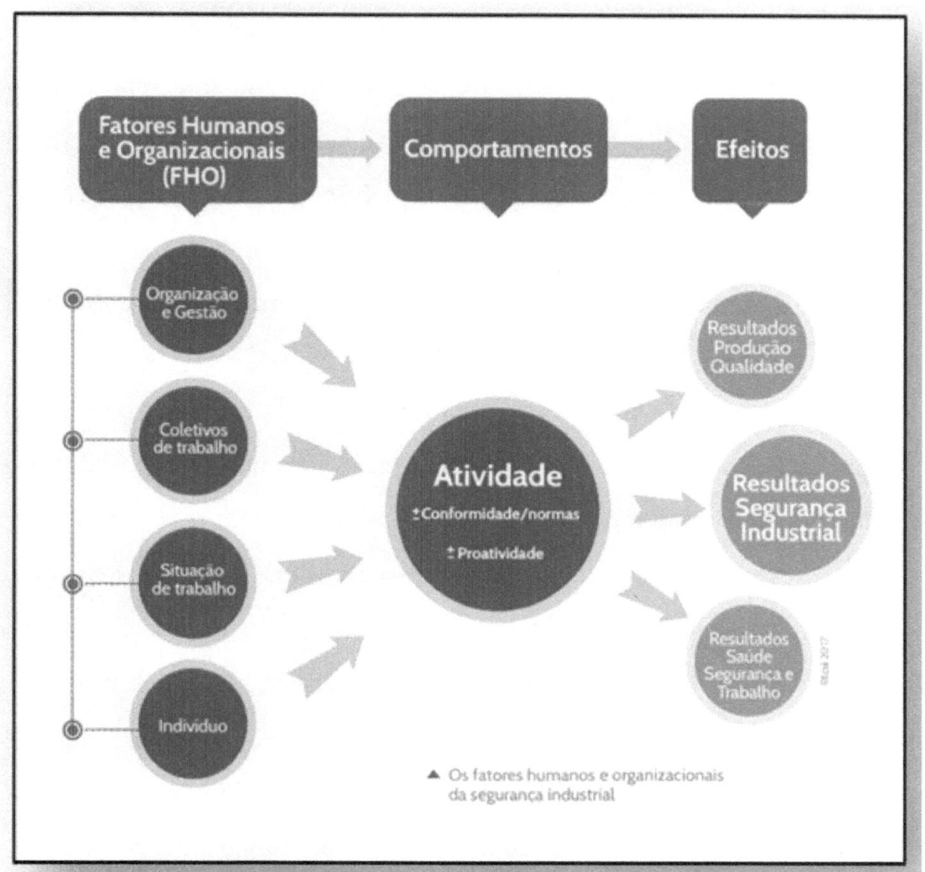

Fonte: ICSI /Pourcellié (2017) p.9

Observa-se no esquema sugerido que os FHOs tidos como: organização e gestão, coletivos de trabalho, situação de trabalho e indivíduo, estão diretamente ligados aos comportamentos, isto é, as atividades que as pessoas desempenharão na organização em termos de conformidade ou não em relação às normas e também em termos de produtividade. Por consequência, podem ser esperados efeitos sobre a qualidade da produção, resultados em segurança industrial e também em SST.

Assim, uma cultura de segurança integrada e adaptada ao ambiente em que a organização atua favorece com que todos contribuam desde a elaboração das políticas de segurança, passando pela sua implantação e melhoria contínua. Na realidade não se trata de definir qual é a "melhor cultura de segurança". Não existe uma organização com uma cultura melhor que a outra, mas existem culturas que são mais ou menos adaptadas ao ambiente e a área de atuação das organizações. Dessa forma, escolhas estratégicas são feitas a fim de superar barreiras e melhorar condições para cada empresa, com suas características individuais. É por essa razão que não é recomendado que se importem modelos oriundos de outras empresas, pois tais modelos podem não se adequar ao novo contexto.

O ideal é que cada organização construa conjuntamente com seus colaboradores e especialistas, ao longo do tempo, os elementos que formarão sua cultura de SST. Com a mobilização da direção e demais líderes, com a definição de um caminho claro, com uma atuação coletiva, constante e duradoura é possível atingir níveis de alta maturidade cultural em SST. Mas então quais são os níveis de maturidade no que se refere à SST?

Assim como não existem empresas exatamente iguais, operando em contextos idênticos, do mesmo modo nem todas as empresas estão no mesmo estágio de maturidade no que se refere à cultura de SST. A fim de ilustrar melhor essa situação, Wilson e Higbee (2012) propuseram um modelo que considera que as organizações passam por estágios de maturidade considerando seus níveis de conscientização em relação à segurança no trabalho. A figura abaixo representa a visão dos citados autores:

Figura 4 – Estágios de maturidade em segurança

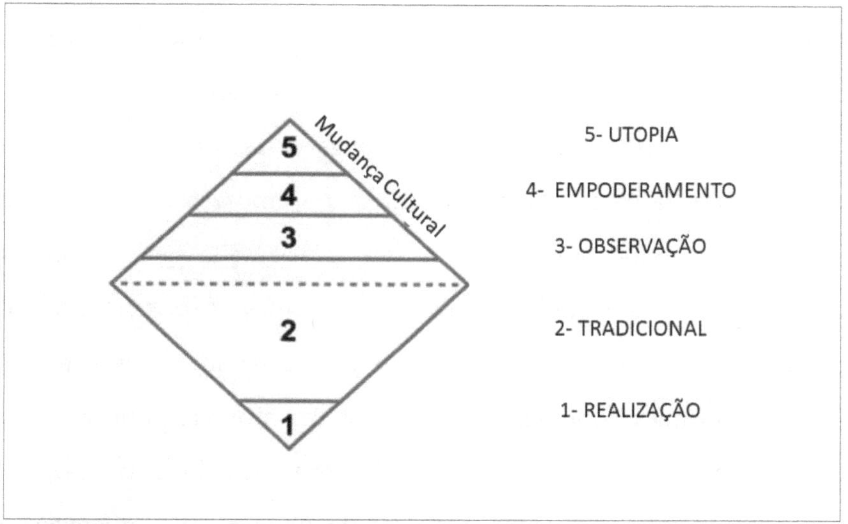

Fonte: Wilson e Higbee (2012), p.202, tradução nossa.

De acordo com Wilson e Higbee (2012) o primeiro estágio que demonstra a preocupação de uma empresa com questões relacionadas à SST é o estágio de realização. Nessa fase, ocorrem as primeiras noções de necessidade em relação à realização de algo na área. É como se os gestores pensassem: "estamos tendo muitos acidentes ou doenças ocupacionais, é preciso fazer algo".

A seguir, no segundo estágio intitulado de tradicional, a empresa busca se adequar às normas e procedimentos principalmente com o objetivo de cumprir a legislação. Normalmente metas são estipuladas a fim de serem atingidas e a empresa passa a ter alguma melhora em seus indicadores SST.

No terceiro estágio, nomeado pelos autores de estágio de

observação, já começam a despontar alguns trabalhos de base comportamental, porém, ainda existe pouco envolvimento das pessoas. A seguir, na quarta fase, a empresa evolui para um trabalho comportamental mais profundo, baseado no empoderamento dos colaboradores e também passa a apresentar metas coletivas a serem atingidas. Essa fase é chamada de fase de empoderamento.

Finalmente, após a passagem por todas essas fases já é possível entrar na fase nomeada "utopia", em que a empresa alcançou uma cultura de segurança sustentável e que é orientada pelos próprios funcionários. Isso significa dizer que sistemas, procedimentos e comportamentos são autossustentáveis e conduzidos pelas pessoas, não havendo mais condução dos comportamentos via punição e/ou recompensa. Nesse nível, um cuida da segurança do outro porque todos têm consciência da importância de manter uma organização saudável em todos os aspectos.

Ainda, pode-se observar que de acordo com a visão de Wilson e Higbee (2012), de acordo com o tamanho das áreas delimitadas na figura, poucas empresas se encontram na fase 1 ou de realização. E que a grande maioria se encontra na fase 2 ou tradicional, sendo que algumas já estão rumando para a fase 3 de observação. Outro grupo um pouco mais numeroso de empresas estão na fase 4 ou de empoderamento e poucas organização se encontram no nível 5 de utopia. Aliás, o próprio nome atribuído pelos autores a esse estágio, faz pensar que essa é uma fase tão difícil de ser alcançada que eles a nomearam de utópica.

Outro destaque é que, de acordo com Wilson e Higbee (2012), a mudança cultural para a conscientização em segurança só ocorre nos estágios 3, 4, e 5. Nessas fases, a organização encontra-se mais madura e pode absorver uma real transformação interna.

De toda forma o esquema proposto pelos autores é uma forma didática de explicar e categorizar as empresas conforme seus níveis de maturidade em SST, sendo que sempre devem ser consideradas as particularidades em relação ao ambiente em que elas atuam e sua cultura organizacional. Todos esses fatores podem levar à desejada alta performance. Além disso, os estágios descritos não devem ser vistos de forma totalmente linear ou sequencial, já que as organizações podem apresentar essas fases de maneira sobreposta ou até mescladas.

Mas de todo modo a tese proposta pelos autores instiga a pensar e melhor compreender a dinâmica que ocorre em uma empresa desde o momento em que ela começa a dar os primeiros passos em relação ao aprimoramento de sua cultura em saúde e segurança, estágio 1, até o momento em que algumas organizações passam a ser referência nesses domínios, estágio 5. Além disso, o conhecimento do estágio de maturidade de uma empresa é primordial para que ela possa adotar as medidas essenciais para o sucesso na gestão de riscos em SST, não só em termos diagnósticos, mas também de intervenção.

À medida que mais organizações, trabalhadores e até mesmo o poder público vão aderindo ao desafio de melhorar a cultura de SST renovam-se as expectativas de que podemos vivenciar o século XXI de uma forma totalmente nova em termos de saúde e mitigação de acidentes. É possível deixar para trás a visão estreita, tão comum nas indústrias da era da revolução industrial, que consideravam apenas o produto produzido como digno de atenção. O futuro das organizações deste século depende da evolução desse pensamento, incluindo a importância das pessoas como fatores cruciais para o desempenho da organização. O momento de criar uma nova mentalidade é agora.

9 CONSIDERAÇÕES FINAIS

Esse livro buscou discutir aspectos sobre a psicologia do trabalho, mais especificamente no que tange os fatores de riscos psicossociais ocupacionais e possibilidades na prevenção da saúde e segurança nas organizações. Para tanto, foram apresentados quais os fatores que acarretam riscos, o que as organizações devem levar em conta no momento da implantação de uma gestão de riscos bem como instrumentos úteis para avaliá-los.

Também foi debatida a importância da área de gestão de pessoas como um apoio à gestão de riscos ocupacionais e seu papel junto a elaboração de políticas e normas da empresa. Além disso, abordou-se a atribuição da área no desenvolvimento de colaboradores e gestores, o que pode trazer benefícios na construção de um ambiente organizacional mais justo e saudável, melhorando a qualidade de vida de todos na empresa.

Ao final, abordou-se a relevância de se desenvolver uma cultura de saúde e segurança no trabalho (SST) que pode nortear de maneira coletiva boas práticas, atitudes e comportamentos no ambiente laboral. É importante frisar que mudanças culturais de comportamento em larga escala somente ocorrem a médio e longo prazo. Por essa razão a organização deve munir-se de muita persistência e esforço da parte de todos. Ademais, não se pode prescindir do trabalho de especialistas nas áreas de SST que auxiliem a direcionar práticas efetivas e duradouras.

Dessa forma, trabalhar no sentido de prevenir que os trabalhadores adoeçam ou se machuquem no ambiente de trabalho é colocar a pessoa no centro do processo produtivo. É antes de tudo olhar para o sistema de forma humanizada, conscientizando-se que o produto final de uma organização é conduzido por pessoas e não por máquinas. É essa reflexão final que essa obra visa deixar para trabalhadores, empregadores, formuladores de políticas públicas e para a própria sociedade.

REFERÊNCIAS

Brasil. Ministério da Fazenda. Secretaria de Previdência. Auxílios-doença acidentários e previdenciários concedidos segundo os códigos da Classificação Internacional de Doenças – CID-10. Disponível em: https://www.gov.br/previdencia/pt-br/acesso-a-informacao/dados-abertos/dados-abertos Acesso em 09 de setembro de 2020.

Geller, E. S. (2005). Behavior-Based Safety and Occupational Risk Management. *Behavior modification*, 29 (3), 539-561.

Reis Junior, D. R. Pilatti, L.A. e Pedroso, B. (2011). Qualidade de vida no trabalho: construção e validação do questionário QWLQ-78. *Revista brasileira de qualidade de vida*, 3 (2), 01-12.

Reis Junior, D. R. (2008). *Qualidade de Vida no Trabalho: Construção e validação do questionário QWLQ-78*. Dissertação de Mestrado.UTFPR. Ponta Grossa.

Sirgy, M. J., Efraty, D., Siegel, P. et al. (2001). A New Measure of Quality of Work Life (QWL) Based on Need Satisfaction and Spillover Theories. *Social Indicators Research*, 55, 241–302.

Walton, R. E. (1973). Quality of Working Life: What is it? *Sloan Management Review*, 15 (1), 11-21.

Wilson, L. e Higbee, G. A. (2012). *Inside Out Rethinking Traditional Safety Management Paradigms*. Electrolab Limited: Belleville.

SOBRE O AUTOR

Vivien Mariane Massaneiro Kaniak é professora universitária, palestrante e autora de artigos científicos e capítulos de livros nas áreas de Psicologia do Trabalho, Gestão de Pessoas, Inovação e Tecnologia. É doutoranda em Administração pela Universidade Federal do Paraná (UFPR), mestre em Engenharia Biomédica pela Universidade Tecnológica Federal do Paraná (UTFPR), especialista em Psicologia do Trabalho (CRP), especialista em Gerontologia Biopsicossocial (FACINTER) e graduada em Psicologia pela Universidade Federal do Paraná (UFPR). Já atuou como consultora de empresas, tendo coordenado projetos nas áreas de treinamento e desenvolvimento humano em organizações públicas e privadas. Curitibana, mãe e esposa, também se interessa por jazz, gastronomia e jamais dispensa um bom café.

http://lattes.cnpq.br/1023348095460469